Armin Täubner

Schutzengel

aus Tontöpfen, Windowcolor, Holz & Papier

Lesezeichen-Engelchen

Übertragen Sie die Umrisse der Schablonen auf den entsprechenden Tonkarton, schneiden Sie die Teile aus und kleben Sie sie zusammen. Für die Flügel und das Lesezeichen wird die Faserseide mit Klebestift auf schwarzen Tonkarton geklebt (flüssiger Klebstoff drückt durch). Kleben Sie den blauen Engel auf das Lesezeichen.

Für den roten Engel fädeln Sie abwechselnd eine schwarze und eine rote Perle auf den Baumwollfaden, den Sie mit einer Nadel durch die angezeichnete Öffnung in den Haaren ziehen und festknoten. Zeichnen Sie das Gesicht und den Faltenwurf an der Schleife auf und verzieren Sie das Kleid mit kleinen schwarzen Filzstiftkreuzen. Mit Bleistiftlinien können noch Haarsträhnen angedeutet werden.

Motivhöhe

(nur Engel) ca. 11 cm

Material

- Tonkarton in Schwarz, Hautfarbe, Rot, Blau und Grün
- Faserseide in Weiß
- Baumwollfaden in Rot, ca. 20 cm
- Rocailles in Schwarz, ø 2 mm
- Rocailles in Rot, ø 4,5 mm
- Klebestift
- Nadel

Vorlagenbogen 1A

Fotos: frechverlag GmbH, 70499 Stuttgart;
Fotostudio Ullrich & Co., Renningen

Dieses Buch enthält:
2 Vorlagenbogen

Auflage: 5. 4. 3. 2. 1. | Letzte Zahlen
Jahr: 2006 2005 2004 2003 2002 | maßgebend

frechverlag GmbH, 70499 Stuttgart
Druck: frechdruck GmbH, 70499 Stuttgart

ISBN 3-7724-3067-8 · Best.-Nr. 3067

Es tut gut, jemanden an seiner Seite zu haben.

Die Engel in diesem Buch, egal ob sie aus Tontöpfen, Holz, Windowcolor oder Papier sind, haben eines gemeinsam: Sie sind für Sie da und haben ein Auge auf Sie.

Jeder findet hier seinen individuellen Schutzengel. Das Patenkind bekommt zur Taufe weiße Engelchen als Tischkartenhalter, zum Einzug kann man einen Holzengel verschenken, der an der Tür mit einem herzlichen Willkommen aufwartet, und der Führerscheinneuling freut sich über einen Schutzengel an Bord.

Und welcher Engel passt zu Ihnen?

Herzlichst, Ihr

Wichtige Hilfsmittel für alle Techniken, die bei den einzelnen Motiven nicht gesondert aufgeführt werden:

- Schere
- Evtl. Cutter mit Schneideunterlage
- Alleskleber, z.B. UHU
- Evtl. Klebepistole
- Bleistift
- Buntstift in Rot
- Feiner Filzstift in Schwarz
- Lochzange oder Vorstechnadel
- Pinsel (Haarpinsel Größe 4, Borstenpinsel Größe 6 und 10)
- Transparentpapier und Karton (für Schablonen)
- Schaschlikstäbchen oder Zahnstocher aus Holz (für Drahtspiralen bzw. für gleichmäßigen Farbauftrag bei Windowcolor)
- Seitenschneider
- Rundzange
- Küchenpapier oder Lappen (um Patina wieder abzunehmen)

Zusätzlich für Holz:

- Laubsäge (für Sperrholz)
- Bügelsäge mit drehbarem Sägeblatt (für dickes Sperrholz und Bretter)
- Elektrische Dekupiersäge (für alle Sägearbeiten)
- Akkuschrauber mit verschiedenen Bohrern
- Kleine und große Holzfeile
- Schleifpapier mit 120er, 180er und 240er Körnung

Hinweis

Zu zahlreichen Objekten finden Sie übersichtliche Schritt-für-Schritt-Zeichnungen auf dem Vorlagenbogen.

HOLZ

Fertigen Sie Kartonschablonen (siehe Anleitung bei Karton und Papier, Seite 5) von den Motivteilen an und übertragen Sie die Umrisse auf das Holz bzw. Sperrholz. Nun werden die Teile ausgesägt. Mit der elektrischen Dekupiersäge können alle Sägearbeiten schnell ausgeführt werden. Ansonsten verwenden Sie für Sperrholz die Laubsäge und für Holzplatten und Bretter die robustere Bügelsäge mit drehbarem Sägeblatt.
Mit der Holzfeile runden Sie die Kanten ab. Bei manchen Motiven werden die Kanten nur leicht angefeilt, bei anderen sind sie fast rund. Bohren Sie die notwendigen Löcher und glätten Sie die Oberflächen mit Schleifpapier.
Die Motive in diesem Buch werden ausschließlich mit matter Bastelfarbe bemalt, Lacke werden nicht verwendet. Die Farbe wird überwiegend mit dem Borstenpinsel in Richtung der Holzmaserung aufgetragen. Nach dem Trocknen werden vor allem die Ränder mit 120er Schleifpapier nachgeschliffen, sodass das Holz durchschimmert. Oft wird auch quer zur Maserung geschliffen. Manchmal wird zusätzlich noch Patina aufgetragen und sofort wieder mit einem Lappen oder Küchenpapier abgerieben. Alle Teile werden komplett bemalt, bevor die ganze Figur mit Draht zusammengebunden wird.
Die Gesichter zeichnen Sie mit Bleistift vor und ziehen die Konturen dann ggf. mit Filzstift nach. Bei keinem oder dünnem Farbauftrag sollte das Gesicht nur kräftig mit Bleistift gezeichnet werden, da die Filzstiftfarbe zerfließt. Mit einem Buntstift können Sie die Wangen rot anmalen.

WINDOWCOLOR

Bei kleineren Motiven legen Sie die transparente Malfolie auf das Motiv und ziehen die Konturen nach. Schrauben Sie eine Malspitze (ø 0,5 mm, sofern nicht anders angegeben) auf die Farbflasche. Sind die Konturen trocken, werden sie mit Windowcolor-Farben ausgemalt. Mit dem Zahnstocher rühren Sie die aufgetragenen Farben durch, damit eine glatte Oberfläche entsteht. Am nächsten Tag können die Motive von der Malfolie abgezogen und beispielsweise auf der Fensterscheibe glattgestrichen werden.

Für größere Motive verwenden Sie Adhäsionsfolie. Die Farbe verbindet sich fest mit der Folie und kann nicht abgezogen werden, sondern stabilisiert das Motiv. Das Motiv wird mit der Schere ausgeschnitten und dann auf die Fensterscheibe oder eine andere glatte Fläche gestrichen.

Mit der stabilen Mobilefolie verbinden sich Windowcolor-Farben fest, d.h., das Motiv lässt sich nicht mehr abziehen und wird mit Schere oder Cutter ausgeschnitten. Das Aufhängeloch wird mit der Vorstechnadel eingestochen.

Die Gesichter werden nachträglich mit einem feinen schwarzen Filzstift aufgemalt. Die Augen können auch vor oder nach dem Ausmalen mit schwarzer Konturenfarbe aufgetupft werden.

KARTON UND PAPIER

Zuerst werden von den Motivteilen Kartonschablonen angefertigt. Dazu übertragen Sie die Motivteile ohne Überschneidungen auf Transparentpapier. Das Transparentpapier kleben Sie dann auf Karton und schneiden die Motivteile aus. Die so erhaltenen Schablonen legen Sie auf Tonkarton bzw. Papier in den gewünschten Farben und ziehen die Konturen mit Bleistift nach. Anschließend werden die Teile ausgeschnitten.

Die Gesichter werden evtl. dünn mit Bleistift vorgezeichnet und mit einem feinen schwarzen Filzstift nachgezogen.

Für die roten Wangen nehmen Sie einen herkömmlichen Buntstift.

TONTÖPFE

Zum Verbinden von Kopf und Körper fassen Sie mit einem Drahtstück das Haarbüschel zusammen. Die beiden Drahtenden werden durch die Rohholzkugel, ggf. den Kragen und durch die Öffnung des Tontopfes gesteckt, gespreizt und von unten mit der Klebepistole fixiert. Die überstehenden Drahtenden abzwicken.

Haben Sie keine Klebepistole, wird ein Drahtende von einer Seite durch eine Holzperle im Topfinneren gesteckt, das andere Ende von der anderen Seite. Die Drahtenden werden angezogen und die Holzperle wandert nach oben bis zur Topföffung. Die Drahtenden miteinander verdrehen und kürzen. Wichtig ist, dass die Holzperle deutlich größer als die Tontopföffnung ist.

Wenn die Rohholzkugel vorher mit Bastelfarbe bemalt wird, können Sie das Gesicht mit Filzstift aufmalen. Bei unbemalten Kugeln verwenden Sie Blei- und Buntstifte (Filzstift zerfließt). Helles Beige entspricht etwa der Farbe der Rohholzkugeln, sodass Hände und Füße nicht grundiert werden müssen.

Schutzbengel-Trio

Bemalen Sie den Engelkopf beige und den Tontopf karminrot. Anschließend malen Sie das Engelsgesicht auf.
Nun wird auf die beiden Enden einer 40 cm langen Paketschnur jeweils eine Rohholzperle (ø 1,5 cm) gezogen und mit einem Knoten gesichert. Ziehen Sie die Fadenmitte von unten durch den Tontopf, bis die Kugelfüße noch ca. 3 cm überstehen.
Knoten Sie eine 15 cm lange Paketschnur als Arme um den nach oben überstehenden Rest des 40 cm langen Fadens. Als Hände werden die restlichen Rohholzperlen (ø 1,2 cm) auf die Fadenenden gezogen und nach ca. 6 cm jeweils mit einem Knoten gesichert.
In die roten Kartonsterne wird mit einer Lochzange oder einer Vorstechnadel jeweils ein Loch gestanzt. Fädeln Sie einen Stern, den Kopf und einen weiteren Stern auf den 40 cm langen Faden.
Für einen sitzenden Engel schneiden Sie den Aufhängefaden direkt über dem Kopf ab, fixieren ihn mit Klebstoff und kleben einen Stern ohne Loch mittig auf.

Motivhöhe

ca. 8 cm (pro Engel)

Material

- Mini-Tontopf, ø 3,5 cm
- Rohholzperle, ø 2 cm
- 2 Rohholzperlen, ø 1,2 cm
- 2 Rohholzperlen, ø 1,5 cm
- Matte Bastelfarbe in Beige und Karminrot
- Paketschnur, ø 2 mm
- Tonkarton in Dunkelrot und Beige

Vorlagenbogen 1B

Guardian Angels

Motivhöhe

ca. 25 cm

Material

- Sperrholz, 3 mm dick (Flügel, Herzen, Mond, Sterne, kleine Tafel)
- Sperrholz, 5 mm dick (große Tafel, Engelkörper, Arme, Füße)
- Bohrer, ø 1 mm
- Geglühter Steckdraht, ø 1 mm
- Geglühter Blumendraht, ø 0,35 mm
- Matte Bastelfarbe in Weiß, Mittelblau, Grau, Karminrot und Beige

Vorlagenbogen 1A

Sägen Sie die Teile nach der Vorlage aus und bemalen Sie sie. An den Engelköpfen werden fünf bzw. neun Bohrungen für Aufhängung und Spiralhaare gemacht (gepunktete Linien). Auch die Hände werden seitlich durchbohrt.

In die graue bzw. blaue Kleiderfarbe werden stellenweise noch weiße Farbspuren aufgetragen. Nach dem Trocknen werden alle Teile bis auf die Sterne abgeschliffen.

Drahten Sie Arme, Flügel und Füße gemäß dem Vorlagenbogen an. Für die Haare wickeln Sie 8 cm lange Steckdrahtstücke jeweils sechs Mal um ein Schaschlikstäbchen. Die entstandenen Spiralen ziehen Sie vom Hölzchen, dehnen sie leicht und stecken sie in den Engelkopf.

Die Guardian Angels können Sie wahlweise „deutsch- oder englischsprachig" anfertigen.

Großer Schutzengel

Fassen Sie ein 20 cm langes Bastbüschel mittig mit einem 50 cm langen Kupferdraht zusammen. Die Drahtenden ziehen Sie durch die große Holzperle, dann durch den 7 cm und den 9 cm großen Tontopf.

Die Drahtenden werden von beiden Seiten durch eine Holzperle (ø 1,2 cm) gesteckt, bis zum Topfboden angezogen und miteinander verdreht. Kürzen Sie die Enden.

Für die Arme werden zwei oder mehrere Bastfäden (50 cm) mittig am Hals angeknotet. Zusätzlich kann noch ein Kupferdrahtstück dazwischen genommen werden. Fädeln Sie einen Mini-Tontopf, drei Holzperlen (ø 1 cm) und einen Mini-Tontopf auf.

Motivhöhe

ca. 21 cm

Material

- Tontopf in Glockenform, ø 9 cm
- Tontopf, ø 5,5 cm
- 4 Mini-Tontöpfe, ø 3,5 cm
- Rohholzperle, ø 4 cm
- 6 Rohholzperlen, ø 1 cm
- 3 Rohholzperlen, ø 1,2 cm
- Naturbast
- Kupferdraht, ø 0,4 mm, ca. 50 cm lang
- Geglühter Steckdraht, ø 1 mm, ca. 17 cm lang
- Tonkarton in Creme

Vorlagenbogen 1A

Nun werden die Fäden geteilt. Auf eine Fadengruppe ziehen Sie eine Holzperle (ø 1,2 cm) und verknoten sie dann mit der anderen Fadengruppe. Den Heiligenschein biegen Sie aus einem 17 cm langen Steckdraht und stecken ihn in die Holzkugelöffnung am Scheitel.

Ich-bin-bei-dir-Engelchen

Motivhöhe

ca. 8 cm

Material

- Mini-Tontopf, ø 4,5 cm
- Rohholzperle, ø 2,5 cm
- Rohholzperle, ø 1,2 bis 2 cm
- Naturbast
- Matte Bastelfarbe in Beige
- Kupferdraht, ø 0,4 mm, ca. 60 cm lang
- Tonkarton in Weiß und Creme

Vorlagenbogen 2A

Malen Sie die große Holzperle beige an und zeichnen Sie das Gesicht auf. Fassen Sie ein Büschel 12 cm lange Bastfasern in der Mitte mit einem 30 cm langen Drahtstück zusammen. Die Drahtenden werden so weit in die Bohrung des Holzkopfes gezogen, dass der „Drahtscheitel" der Basthaare nicht mehr sichtbar ist. Nun werden die Basthaare um den Kopf gelegt und mit Alleskleber fixiert. Stecken Sie die beiden Drahtenden durch die Öffnung im Tontopf und dann durch die kleinere Rohholzperle. Die Drahtenden werden angezogen, miteinander verdreht und gekürzt.

Beschriften Sie das Schild mit Filzstift und kleben Sie die Hände an. Wickeln Sie ein 20 cm langes Drahtstück um einen Zahnstocher, die entstandene Spirale legen Sie um den Engelhals und befestigen daran das Schild. An einer 10 cm langen Spirale wird das kleine Herz aufgehängt.

Das Flügelpaar fixieren Sie mit Klebstoff.

Herz-Engel

(Abbildung Seite 1)

Motivhöhe

Herz ca. 23 cm

Material

- Sperrholz, 3 mm (Flügel, kleine Herzen)
- Sperrholz, 5 mm (restliche Holzteile)
- Bohrer, ø 1 mm
- Geglühter Steckdraht, ø 1 mm (Aufhängung, Heiligenschein), ca. 38 cm lang
- Geglühter Blumendraht, ø 0,35 mm
- Matte Bastelfarbe in Weiß, Hellgrau, Karminrot und Beige
- Grasfaser in Silber
- Patina

Vorlagenbogen 2B

Der Kopf wird von oben und von der Seite angebohrt (gepunktete Linien). Die Engelteile werden nach dem Bemalen teilweise stark abgeschliffen und dann mit dem Blumendraht zusammengefügt. Die Drahtenden am Flügelpaar nicht abschneiden. Das Gesicht malen Sie nur mit Bleistift auf.
Das Grasfaserhaar wird an einigen Stellen mit Blumendraht zusammengefasst, die Drahtenden werden auf 1 cm gekürzt und in die Bohrungen am Kopf gesteckt. In das mittlere Loch stecken Sie zusätzlich den Heiligenschein aus einem etwa 8 cm langen Steckdrahtstück. Das große und die kleinen Herzen werden nicht abgeschliffen, sondern mit Patina überarbeitet. Stecken Sie die Drahtenden vom Flügelpaar durch das mittlere Loch im großen Herzen und schlingen Sie die Enden um ein kleines Holz- oder Drahtstück. Die Aufhängung aus beidseitig zu Spiralen verdrehtem Steckdraht ist ca. 30 cm lang.

Michi

Ein 40 cm langer Jutefaden (A) wird im Abstand von jeweils 2 cm zu den Enden mit einem Knoten versehen. An diesen Faden knüpfen Sie mittig mit einem Doppelknoten einen 20 cm langen Faden (B).
Ziehen Sie das lange Fadenende von Faden B von unten durch den Tontopf. Über den Tontopf wird der 24 cm lange Armfaden (C) angeknotet. Die Enden des Armfadens werden ebenfalls mit Knoten versehen. Dann wird die beige grundierte Holzperle aufgefädelt und das Gesicht aufgemalt.
Das Jutegarn besteht aus mehreren Einzelfäden. Für Michis Frisur zupfen Sie die Fäden auseinander, nehmen dann zwei ca. 20 cm lange Einzelfäden und binden damit eine Schleife um den Schopf.
Das Herz wird an einem einzelnen Faden befestigt und um Michis Hals gelegt.

Motivhöhe

ca. 25 cm

Material

- Tontopf, ø 5,7 cm
- Rohholzperle, ø 4 cm
- Tonkarton in Creme
- Matte Bastelfarbe in Beige
- Jute (6-fach), ø 6 mm, ca. 104 cm lang

Vorlagenbogen 1A

Schlaf gut

Beim sitzenden Engel werden am Kopf von oben drei Löcher (ø 1 mm, gepunktete Linie) und von unten ein Loch (ø 1,5 mm) gebohrt. Der fliegende Engel bekommt je eine Bohrung von ø 1 mm senkrecht am Kopf für den Heiligenschein und von vorne neben dem Ohr zur Befestigung. Bohren Sie in den wolkenförmigen Sockel zwei Löcher (ø 1,5 mm). Tragen Sie auf die noch feuchte graue Farbe des Strampelanzugs stellenweise noch etwas Weiß auf. Nach dem Trocknen werden die Teile mit Schleifpapier überarbeitet. Arme und Beine werden angeklebt. Für die Haare wickeln Sie drei 10 cm lange Steckdrahtstücke um ein Schaschlikstäbchen. Die entstandenen Spiralen ziehen Sie vom Hölzchen ab, dehnen sie leicht und stecken sie in den Engelkopf.
Der andere Engel bekommt einen Heiligenschein aus Steckdraht (11 cm lang). Stecken Sie den Bügel aus einem 50 cm langen verzinkten Drahtstück in den Wolkensockel. Biegen Sie das Bügelende zu einer Öse. In die zweite Bohrung stecken Sie ein 2 cm langes verzinktes Drahtstück, auf das Sie den Sitzengel stecken.
Die Sterne werden auf Blumendraht aufgefädelt und um den Bügel geschlungen.

Motivhöhe

ca. 26 cm

Material

- Sperrholz, 3 mm dick (Sterne, Schild)
- Sperrholz, 6 mm dick (Engel)
- Fichtenholzplatte, 1,8 cm dick (Sockel)
- Bohrer, ø 1 mm und ø 1,5 mm
- Verzinkter Draht, ø 1,6 mm, ca. 52 cm lang
- Geglühter Steckdraht ø 1 mm, ca. 41 cm lang
- Geglühter Blumendraht ø 0,35 mm, ca. 60 cm lang
- Matte Bastelfarbe in Weiß, Beige und Grau
- UHU hart

Vorlagenbogen 1A

Schlaf gut

Schutzengel mit Herz

(Abbildung Titelseite)

Motivhöhe

ca. 20 cm

Material

- Mini-Tontopf, ø 3,5 cm
- Rohholzperle, ø 2,3 cm
- 4 Rohholzperlen, ø 1,2 cm
- Paketschnur, ø 2 mm, ca. 104 cm lang
- Tonkarton in Weiß und Dunkelrot
- Geglühter Blumendraht, ø 0,35 mm, ca. 80 cm lang
- Draht, ø 0,6 mm, ca. 20 cm lang
- Matte Bastelfarbe in Beige und Arktisblau

Vorlagenbogen 1B

Grundieren Sie den Tontopf in Arktisblau und die große Holzperle in Beige. Fassen Sie das 7 cm lange Fadenbündel mit dem dickeren Draht in der Mitte zusammen. An der Bindestelle legen Sie als Aufhängung noch einen 10 cm langen Blumendraht um das Bündel. Ziehen Sie das Bündel mindestens 1 cm in den Holzkopf. Nun wird der 15 cm lange Armfaden angeknotet. Als Hand wird jeweils eine kleine Holzperle angeknotet. Stecken Sie die beiden Drahtenden von oben in die Öffnung des Tontopfes. Legen Sie zwischen die Drahtenden mittig einen 40 cm langen Faden, auf den Sie als Füße zwei kleine Holzperlen gezogen haben. Verdrehen Sie die beiden Drahtenden miteinander und kürzen Sie sie.
Das Flügelpaar wird mit Klebstoff oder der Klebepistole fixiert.
Auf zwei je 30 cm lange Blumendrahtstücke ziehen Sie jeweils ein Kartonherz bis zur Mitte und wickeln die Drahtenden um einen Zahnstocher. Die Spiralen abziehen, auf die gewünschte Länge dehnen und am Schutzengel-Schild bzw. an einem weiteren Herzen befestigen. Das Schild hängt an einem ca. 20 cm langen, zur Spirale gedrehten Drahtstück. Ein Herz auf den Tontopf, eines auf das Schild kleben.

Engel-baby-Mobile

(Beschreibung Seite 18)

Engelbaby-Mobile

(Abbildung Seite 17)

Für die Konturen wird Windowcolor-Farbe in Perlmutt und eine ø 0,7 mm-Malspitze verwendet. Sind die Konturen trocken, werden die Motive ausgemalt. Bei der Perlmuttfarbe bilden sich beim Malen Schlieren, d.h., bei den glatten Haaren malen Sie vom Scheitel zu den Spitzen hin Linie neben Linie, während die Wolken und Locken „durchgerührt" werden.
Die Gesichter werden mit Filzstift aufgemalt. Schneiden Sie die Motive aus.
Um den Bügel zu biegen, fassen Sie den verzinkten Draht genau in der Mitte mit der Rundzange und biegen eine Öse. Nun werden auch die Drahtenden mit Ösen versehen. Legen Sie den Bügel auf den Vorlagenbogen und korrigieren Sie die Krümmung.
Für die Spiralen wird Silberdraht von ca. 28 cm Länge etwa 25-mal um ein Schaschlikstäbchen gewickelt, vorsichtig auf die gewünschte Länge gedehnt und an den Motiven eingehängt.

Motivhöhe
komplett ca. 38 cm

Material
- Windowcolor in Perlmutt, Weiß, Hautfarbe und Bordeaux
- Malspitze, ø 0,7 mm
- Mobilefolie, 0,4 mm dick
- Verzinkter Draht, ø 1,6 mm, 34 cm lang
- Silberdraht, ø 0,4 mm, ca. 224 cm lang

Vorlagenbogen 1B

Motivhöhe
ca. 14 cm

Material
- Konturenfarb[e] in Schwarz
- Windowcolo[r] in Weiß, Hautfarbe, Schwarz, Pin[k] und Bordeau[x]
- Mobilefolie, 0,4 mm dick
- Glaskügelch[en] in Glasklar
- Hologramm-Glitterfäden in Silber

Vorlagenboge[n] 2A

Engel auf Wolke Sieben

Zuerst übertragen Sie die Konturen in Schwarz auf die Mobilefolie. Dann malen Sie die Wolke aus und streuen die Hologramm-Flitterfäden ein.
Bei den Flügeln werden Weiß und Pink so ineinander gerührt, dass ein nicht transparentes Rosa entsteht. Der Saum der Hosenbeine und der Oberkörper werden in Bordeaux ausgemalt. Die restlichen Flächen der Hosenbeine malen Sie mit Pink aus. Nun ziehen Sie das Bordeauxrot nach oben ins Pinkfarbene.
Die kleinen Kreuze auf den Hosenbeinen markieren die Positionen der Sternperlen. Streuen Sie Glaskügelchen in die Herzen und den Stern im Haar und hängen Sie die Herzen mit Draht an die Wolke.

- Sternperlen in Flieder und Weiß, ø 6 mm
- Geglühter Blumendraht, ø 0,35 mm, ca. 30 cm lang

Schnee-Engelchen

Zuerst werden die große Holzperle und der Tontopf bemalt sowie nach dem Trocknen das Gesicht mit Filzstift aufgezeichnet.
Der Sternkragen und die Flügel werden ausgeschnitten und mit Glitter glue verziert.
Anschließend fädeln Sie die kleine Holzperle auf den 20 cm langen Draht und stecken die Drahtenden durch die Öffnung im Tontopf, durch den Kartonsternkragen und den Kopf. Mit der Rundzange wird ein 2 cm langes Drahtstück (ø 4 mm) zurecht gebogen und zwischen die Drahtenden auf die Bohrung des Kopfes gelegt. Verdrehen Sie die Drahtenden miteinander, kürzen Sie sie und drücken Sie sie am Kopf fest.
Mit einem Holzstäbchen, Drahtstück oder Ähnlichem wird nun der Strukturschnee aufgetragen. Soll der Haarschopf üppiger sein, tragen Sie die erste Schicht auf, lassen sie trocknen und tragen dann eine zweite Schicht auf.
Das Flügelpaar, die Hände, das Herz und das Schild (Rechteck aus weißem Tonkarton, ca. 2,5 cm x 6 cm) werden mit Klebepistole oder Alleskleber befestigt. Abschließend können noch Verzierungen mit Glitter glue und Strukturschnee vorgenommen werden.

Motivhöhe

ca. 7,5 cm (pro Engel)

Material

- Mini-Tontopf, ø 4,5 cm
- Rohholzperle, ø 2,5 cm
- Rohholzperle, ø 1 bis 1,5 cm
- Alu-Tonkarton in Silber
- Tonkarton in Weiß, Dunkelrot und Creme
- Drahtrest, ø 4 mm
- Draht, ø 2 mm, ca. 20 cm lang
- Strukturschnee
- Glitter glue in Silber
- Matte Bastelfarbe in Weiß und Beige

Vorlagenbogen 1B

WIR PASSEN
AUF DICH AUF

Schutzengel am Platz

Motivhöhe

ca. 6 cm (pro Engel)

Material

- Mini-Tontopf, ø 3,5 cm
- Rohholzperle, ø 2 cm
- Rohholzperle, ø 1 cm
- Filz in Weiß
- Chenilledraht in Weiß, ca. 15 cm lang
- Nikolausbart
- Alu-Tonkarton in Silber
- Geglühter Steckdraht, ø 1 mm, ca. 10 cm lang
- Silberdraht, ø 0,3 mm, ca. 25 cm lang
- Matte Bastelfarbe in Weiß und Beige

Vorlagenbogen 1B

Fassen Sie zehn Fäden Nikolausbart (je 8 cm) mit einem 25 cm langen Silberdraht zusammen. Die Drahtenden werden so weit durch die Holzperle (ø 2 cm) gezogen, dass oben der „Drahtscheitel" nicht mehr sichtbar ist. Die Drahtenden ziehen Sie nun durch den Filzkragen, den Knoten in den Chenilledraht-Armen (15 cm) und die Öffnung im weiß grundierten Tontopf. An der Unterseite wird auf ein Drahtende eine kleine Holzperle gezogen, die Drahtenden werden miteinander verdreht und gekürzt. Kleben Sie die Flügel auf. Die mit Namen beschrifteten Sterne geben Sie den Engelchen entweder in die Hände oder Sie biegen ein ca. 10 cm langes Stück Steckdraht an einem Ende zu einer Öse. Schieben Sie das Sternenschild entweder direkt in die Öse oder hängen Sie es an einem S-förmig gebogenen Silberdrahtstück ein.

Motivhöhe

ca. 9 cm (pro Engel)

Material

- Konturenfarbe in Schwarz
- Windowcolor in Weiß, Perlmutt, Rot, Hautfarbe, Schwarz und Glitter-Silber
- Mobilefolie, 0,4 mm dick
- Effektdraht in Silber, ø 0,22 mm
- Transparente Rocailles in Kristall, ø 2,6 mm

Vorlagenbogen 1B

Fröhliches Engelquartett

Bei den Kleidern werden weiße und perlmuttfarbene Linien direkt nebeneinander gesetzt oder das weiße Gewand wird mit Perlmuttpunkten betupft. Wenn alle Farben trocken sind, werden Haare und Flügel mit Glitter-Silber übermalt und die Gesichter aufgemalt sowie das Motiv an der gewünschten Stelle mit der Vorstechnadel gelocht.

Fädeln Sie nach Geschmack Rocailles auf Silberdraht, den Sie an einer Seite mit einer Öse versehen haben. Hängen Sie das gewünschte Windowcolor-Motiv an und biegen Sie den Draht wiederum zu einer Öse.

Türstopper-Engel

Beschreibung Seite 25

Motivhöhe
ca. 20 cm (pro Engel)

Vorlagenbogen 2A

Material

- Ungehobeltes Brett, 1,5 cm dick (Engel)
- Ungehobelte Dachlatte (Keil)
- Sperrholz, 4 mm dick (Flügel)
- 2 Holzdübel, ø 8 mm
- Bohrer, ø 1 mm und 8 mm
- Schnitzmesser
- Geglühter Steckdraht, ø 1 mm, ca. 16 cm lang
- Matte Bastelfarbe in Mittelblau oder Karmi rot, Silber und Beige
- Patina
- Jute in Nat ø 2,5 mm
- Holzleim

Beschreibung
Seite 26

Motivhöhe

ca. 49 cm

Material

- Sperrholz, 5 mm dick
- Geglühter Steckdraht, ø 1,4 mm, ca. 1,5 m lang
- Bohrer, ø 2 mm
- Dispersionsfarbe in Weiß
- Matte Bastelfarbe in Beige, Gelb, Mittelbraun und Karminrot
- Patina
- Filzstift in Weiß

Vorlagenbogen 2B

Türstopper-Engel

(Abbildung und Material Seite 24)

Sägen Sie die Engelteile aus und bearbeiten Sie die Kanten und die Oberflächen grob mit der Feile und dem Schnitzmesser. Für den Keil sägen Sie ein 13 cm langes Dachlattenstück diagonal durch. Der Engel wird auf Höhe der Schultern von der Seite durchbohrt (gepunktete Linie). Der Kopf wird von oben für die Befestigung der Haare angebohrt.

In die Flügel kommen an zwei Stellen Bohrungen. Diese beiden Löcher sollten genau mit den zwei Bohrungen auf dem Engelrücken übereinstimmen, denn beide werden später mit einem Drahtstück aufeinander gesteckt.

Am Keil und am Engel werden für die Holzdübel jeweils zwei 8 mm große Löcher gebohrt. Verbinden Sie Engel und Keil mit Leim und Holzdübeln. Nun können die Teile bemalt werden. Anschließend wird der Engel patiniert.

Um die Arme zu befestigen, stecken Sie seitlich ein ca. 8 cm langes Steckdrahtstück durch die Bohrung und versehen beide Enden mit einer Öse. Das Flügelpaar wird mit Holzleim und einem zurecht gebogenen Steckdrahtstück von 2,5 cm Länge am Rumpf fixiert.

Für die Haare fassen Sie 10 bis 14 cm lange Jutefäden mittig mit einem 5 cm langen Steckdrahtstück zusammen und stecken die Enden in die Bohrung.

Willkommen!

(Abbildung Seite 25)

Sägen Sie die Teile der Vorlage gemäß aus. Nach dem Bemalen werden alle Holzteile bis auf das Herz mit Schleifpapier vor allem an den Rändern bearbeitet. Auf das Herz tragen Sie Patina auf und wischen sie gleich wieder ab. Arme und Herz werden mit 5 cm langen Steckdrahtstücken am Kleid befestigt, indem die Drahtenden auf der Rückseite einmal miteinander verdreht werden. Mit einem schwarzen Filzstift malen Sie das Gesicht und die Kleidernähte auf, mit dem weißen Filzstift beschriften Sie das Herz.

Fädeln Sie auf ein 30 cm langes Drahtstück einen kleinen Stern auf und befestigen Sie es als Kranz am Engelskopf. Die übrigen Sterne ziehen Sie auf zwei je 30 cm lange, teilweise zu Spiralen gedrehte Drahtstücke, befestigen eines mit einem Ende in der Herzöffnung unter einem Arm des Engels, drehen beide Drahtstücke zusammen und drapieren die Kette am Herzen entlang.

Motivhöhe

ca. 9 cm (pro Engel)

Material

- Mini-Tontopf, ø 4,5 cm
- Rohholzperle, ø 2,5 cm
- Alu-Tonkarton in Gold
- Tonkarton in Rot und Creme
- Schleifpapier mit 180er Körnung
- Matte Bastelfarbe in Weiß oder Karminrot
- Patina
- Geglühter Steckdraht, ø 1 mm, ca. 60 cm lang
- Geglühter Blumendraht, ø 0,35 mm, ca. 15 cm lang
- Glitter glue in Gold

Vorlagenbogen 2A

Drahtlocken-Engel

Bemalen Sie die Holzperle und den Tontopf.
Der Tontopf wird mit Schleifpapier leicht abgeschliffen und dann patiniert. Mit Küchenpapier tragen Sie etwas Patina auf die ausgeschnittenen Flügel und den Sternkragen auf, lassen sie etwas antrocknen und tupfen sie teilweise wieder ab.
Stecken Sie neun Steckdrahtstücke (6 x 6 cm, 3 x 8 cm) in die Bohrung des Holzkopfes. Die drei längeren Drähte unten spreizen und fixieren. Sollten noch mehr Drähte in der Bohrung Platz haben, stecken Sie noch weitere hinein. Die oben überstehenden Drahtenden werden einzeln um ein Schaschlikstäbchen gewickelt, aus dem Stäbchen gezogen und etwas gestreckt. Die drei unteren Enden stecken Sie durch den Sternkragen und in die Öffnung des Blumentopfes. Dort werden die Drahtenden gespreizt und fixiert.
Die Hände werden auf Stern oder Herz aufgeklebt, das Herz an Dreht um den Hals gehängt. Nach Belieben mit Glitter glue in Gold verzieren.

Computerschutzengel

Übertragen Sie die Konturen auf die Malfolie und füllen Sie sie mit den entsprechenden Farben aus. Die Wolken mit einem Zahnstocher durchrühren.

Motivhöhe

stehender Engel ca. 9 cm

Material

- Konturenfarbe in Schwarz
- Windowcolor in Hellblau, Weiß, Gelb, Hautfarbe und Perlmutt
- Malfolie

Vorlagenbogen 2B

Motivhöhe

ca. 11 cm

Material

- Konturenfarbe in Schwarz
- Windowcolor in Schwarz, Weiß, Rot, Gelb, Hautfarbe, Hellbraun und Silber
- Adhäsionsfolie

Vorlagenbogen 2A

Schutzengel an Bord

Übertragen Sie die Konturen auf die Adhäsionsfolie und malen Sie sie mit den entsprechenden Farben aus.

Hier wache ich

(Abbildung Seite 32)

Motivhöhe

ca. 27 cm

Material

- Moonrock-Papier in Weiß, Gelb, Hellblau
- Tonkarton in Hautfarbe
- Messingdraht, ø 0,3 mm, ca. 60 cm lang
- Alu-Draht in Gold, ø 0,4 mm, ca. 17 cm lang
- Struktur-Effektfarbe in Hellblau

Vorlagenbogen 1A

Übertragen Sie die Umrisse auf den Tonkarton und auf die rauere Seite des Moonrock-Papiers. Schneiden Sie die Teile aus. Beschriften Sie die Wolke mit der Strukturfarbe.
Kleben Sie den Engel zusammen und zeichnen Sie das Gesicht auf. Befestigen Sie den Engel von hinten an der Wolke und kleben Sie Hände und Sterne auf die Wolke. Weitere Sterne werden mit etwa 15 cm langen Messingdrähten an die Wolke gehängt.
Aus einem Alu-Drahtstück von 17 cm Länge formen Sie eine Ellipse und kleben diese als Heiligenschein an den Hinterkopf. Ein anschließend aufgeklebter Kartonpunkt mit ø 2 cm verdeckt die Klebestelle und gibt dem Heiligenschein zusätzlichen Halt.

Ich bin bei dir

Schneiden Sie alle Teile nach der Vorlage aus und fügen Sie sie wie folgt zusammen: Das weiße Flügelpaar und das Haarteil werden von hinten am roten Rumpf angeklebt. Von vorne kleben Sie das Gesichtsteil auf.
Auf Flügel und Haarteil wird mit dem Pinsel Strukturschnee aufgetragen. Für die Beine werden mit der Lochzange Löcher in Rumpf und Schuhe gestanzt. Stecken Sie den Alu-Draht durch Rumpf und Schuhe und biegen Sie die Enden nach oben. Die weiße Schrifttafel erhält ebenfalls einen Rand aus Strukturschnee.
Bohren Sie in die Mitte der Holzplatte ein Loch für den Drahtbügel, dessen Ende Sie zu einer Öse gebogen haben.
Nun bestreichen Sie die Holzplatte mit Strukturschnee. Engel und Sterne werden mit Effektdraht am Drahtbügel befestigt.

Motivhöhe

ca. 32 cm

Material

- Schnipselkarto Rot
- Tonkarton in W und Hautfarbe
- Strukturschnee
- Verzinkter Dra ø 1,6 mm, 48 c lang
- Alu-Draht in Schwarz, ø 2 m 2 x 7 cm lang

Vorlagenbogen :

- Bouillon-Effektdraht in Silber, ca. 90 cm lang
- Bohrer, ø 1,5 cm
- Fichtenholzplatte, 1,8 cm dick, 7 cm x 7 cm

Hier wache ich

(Beschreibung Seite 30)